Tiere bei Werner Kurze

Tiere bei Werner Kurze

Rediroma-Verlag

Bibliografische Information der Deutschen Nationalbibliothek:
Die Deutsche Nationalbibliothek verzeichnet diese Publikation in der Deutschen Nationalbibliografie; detaillierte bibliografische Daten sind im Internet über http://portal.dnb.de abrufbar.

ISBN 978-3-98885-417-9

www.rediroma-verlag.de
8,95 Euro (D)

Inhalt

Ameise

Habt ehr mol am Weg gesehe
Ameise zur Erwet gehe?
Nemmt Eich mol ä bissel Zeit,
un guckt des ruhich oo, Ehr Leit!

Wie die krawwlen, wies do rennt.
Alle fleißich, kenni pennt.
Do gibt's noch kän Mobbing-Sehdress.
Wo siehgschd noch bei Mensche des?

Alle in soom Haufe drin
hawwe noch Familje-Sinn.
Jede schdeht do ihren Mann.
Jede hilft do, wo se kann.

Blätter, Noodle, riesegroß
wannern uff ä große Schdoß.
Hunnerde renn hin un her.
Eilich hawwens alle sehr.

Sehdill un leise, immer fleißich,
krawwlen die als so dorchs Reisich.
Noch dezu ganz ohne Geld.
Des is halt noch heile Welt.

Ameisen

Wo kommt der Name her: Ameisen?
„Wir fressen gerne Rost und Leben am Eisen.“
Die anderen rufen: „Dummerweise
ist das falsch! Unsere Herkunft ist die Meise.“
Da machen die ersten nicht laut, aber leise:
„Das hat nichts zu tun mit der Handlungsweise
beim Flug der Vögel als Lebensweise! „
Einer meinte sogar, er käme vom Eise.
Sie streiten noch heute in ihrem Kreise
und krabbeln weiter glücklicherweise.

Ameisen

Eine Ameise zur anderen: „warum heißt du Ameise?“
„Ich arbeite am Eise! „
„Und was machst du da?“
„Ich lasse es rosten, mit Ameisensäure.“
„und warum heißt du so?“
„Ich bin a Meise. Ich bin aus dem Chor geflogen,
weil meine Stimme so piepsig sei.“

Ameisen auf der Chaussee

Zwei Ameisen wanderten auf einer Chaussee.
Bald taten ihnen die Beine weh.
Und sie verzichteten klugerweise
auf den zweiten Teil der Reise.

(nach Joachim Ringelnatz)

Sie bauten sich im Wald ein Haufen
und mussten nicht Chausseen laufen.
Sie erzählten das den anderen intern,
das hörten immer alle gern.

(nach Werner Kurze)

Andre Ameisen

Zwei andre Ameisen war‘n auf der Chaussee,
aber ihnen taten nicht die Beine weh.
Sie stiegen hoch zu Würzburgs Bergen
zu den kleinen Weinbauernzwergen.
Sie tranken Wein und der war echt.
Vom Alkohol wurde ihnen schlecht.
Besoffen kehrten sie zurück
Und lebten im Maintal wieder im Glück.

Biene

Die Biene hat stundenlang am Blümchen gebammelt
und dabei zwanglos viel Honig gesammelt.
Und wir? Wir nehmen ihr den Honig weg
und lassen sie fliegen an einem anderen Eck.

Blöde Kokken

Manche Krankheit besteht aus Kokken,
halb so groß wie Haferflocken.
Und das ist auch gar kein Spaß,
die Kerle töten ohne Maß.

Ob du oder ich, man weiß es nicht.
Mal trifft es Große, mal einen Wicht.
Leute, bleibt zu Hause daheim!
Dann überlebt ihr, wie auch dieser Reim.

Bubberchen

Das sind meine Bubberchen.
Die machen keine Hubberchen.
Die sind lieb und machen mich froh.
Die mögen auch mich. Ich liebe sie so.

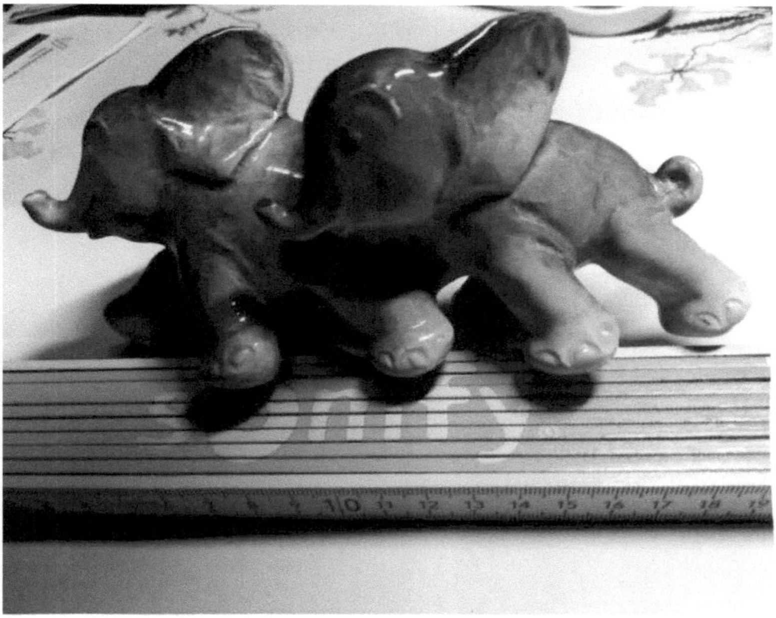

Fliegengitter

Fliegengitter, Fliegengitter!
Denkt die Fliege mit Gezitter.
Wie soll ich an Menschen kommen?
Alles wurde mir hier genommen.

Doch oft stehen ja die Türen offen.
Da stürzen wir rein, wie besoffen,
machen uns über alles her.
Das freut die Fliegen dann sehr.

Fliegen und Mücken

Eine Fliege fiel tot um.
Das tat mir leid, denn ihr Gesumm
war am Sommerabend schön,
sehr angenehm und nicht obszön.

Doch gab es Tiere, die fanden‘s gut,
dass die Fliege nicht mehr toben tut.
Sie freuten sich sogar und lachten,
weil ihr Tod ihnen mehr Platz am Menschen brachte.

Das waren die Mücken, die kleinen Stecher,
die fiesen Mückenstichverbrecher.
So ist das Leben, der eine trauert, der andere lacht.
Was das Leben alles mit uns macht!

Flinkermöppschen

Wie, du weißt nicht, was Flinkermöppschen sind?
Das wirst du hier auf der Stelle erfahren.
Flinkermöppschen sind die lieben, kleinen und putzigen Kugelmännchen, wenn du dich im Bett besonders wohlfühlst oder du bist mit der Mama oder dem Papa im Bett.
Die kleinen Möppschen sausen nämlich gerne auf den Kissen und Decken herum und sorgen dafür, dass du immer lachen musst.
Sie kitzeln dich unter den Armen oder an den Füßen und Mama oder Papa helfen auch noch dabei.
Und so sehen sie aus:

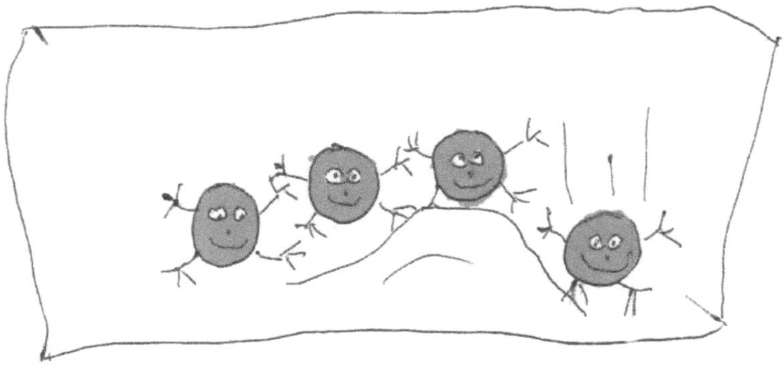

Und so sehen sie mit Lupe aus:

Floh

Ein Floh, gerade eben geboren,
bei einem Mann auf den Azoren,
ruft: „Hallo, oho, oho!
Ich bin der weltberühmte Floh!"

Drauf springt er nun und grad zu mir,
ich trank gerade mal ein Bier.
Und tatsächlich, er springt mich an
und hängt sich gleich an meinen Hals dran.

Ein Biss noch direkt in mein‘ Hals.
„Der schmeckt gut, fast so wie Schmalz!“
Er fragt mich dann, ob die Brünette,
da drüben, ich zur Frau jetzt hätte.

Der Frechdachs!, denk ich und nicke,
der Floh erweitert seine Blicke,
und schwupps, springt er an ihren Busen.
„Da könnte ich doch auch mal schmusen!“

Sie sagt: „Huch!“ und ich war froh,
endlich los, den frechen Floh.

Fressen

Im Winter lebt der Lebensquell
ein bisschen langsamer an seiner Stell!!!
Die Vögel aber sind putzmunter
und fliegen rauf und wieder runter.

Der Hunger treibt sie ringsherum.
Doch fehlt der Bienen ihr Gebrumm.
Sie suchen Körner, Knospen oder Käfer,
wie Gras für Schafe jeder Schäfer.

Denn keiner hat den Spruch vergessen:
Wer lange sucht, der findet Fressen!

Grüner Rautz

Ein Staunen zog durch unsre Welt,
und das bekam man ohne Geld!
Vom Wald her kam ein dunkles Raunen,
so groß und grün, man musste staunen.

Doch plötzlich macht‘s pardü, pardautz;
Und mittendrin der grüne Rutz.
Der frisst sie beide, Stück für Stück.
Ich sah‘s von Weitem, mir zum Glück.

Hausmaus

Ich bin die Hausmaus Putzelein,
bin ganz sauber und kein Schwein.
Ich sag euch nicht genau, wo,
mal wohn ich hie und auch mal do!

Ihr habt es warm, das mag ich gern,
da erholen sich immer Geist und Gehirn.
Die Bewohner machen mittags ein Schläferchen,
und interessieren sich nicht für Maus und Käferchen.

Wir fressen die ganze Küche leer,
und wenn's gut schmeckt, gefällt's uns sehr.
Ob Sommer oder Winter,
wir zeugen dann auch gerne Kinder.

Helicobacter

Was heißt eigentlich Helicobacter?
Etwa das: die Sonne, die packt er?
Dann wär's 'ne Sonnencreme-Reklame.
Werbermäßig kein schlechter Name!

Aber das stimmt nicht. Es sind Bakterien,
vielleicht aus dem Urlaub oder den Ferien?
Keiner weiß so richtig, woher.
Aber denen gefällt unser Magen sehr.

Sie fühlen sich wohl und wir leiden Schmerz.
Für uns ist es leider kein harmloser Scherz.
Da hilft nur eines: zum Arzt am Ort!
Der macht mit Bakterien dann Massenmord.

Jumbo

Jumbo war ein kleiner, lieber Elefant in Afrika. Eines Tages sagte seine Mama zu ihm: „Jumbo, du bleibst hier in dem kleinen Wald und wartest, bis ich wiederkomme. Ich will noch neues Futter für uns holen. Nicht weglaufen! Hierbleiben, bis ich wiederkomme!“

Jumbo nickte. Mama war ja schon einmal weggegangen, und da war er auch schon allein geblieben.

Als die Mama weg war, lief Jumbo allein in dem kleinen Wald herum. Aber bald wurde es ihm langweilig, und er wollte nur mal gucken, wie es ein Stückchen weiter bei den flachen Büschen aussah. Zuerst ging das auch alles gut. Aber dann gab es plötzlich einen Rumms, und der Boden versank unter Jumbo. Er fiel in ein großes, tiefes Loch, aus dem er nicht mehr herauskam. Das war eine große Falle, die Männer gebaut hatten, um Elefanten zu fangen.

Jumbo war sehr erschrocken und hatte ganz viel Angst. Erst weinte er ganz leise: „Uh, uh, uh!“ Dann weinte er immer lauter: „Uhhh, uhhh, uhhh!“ Aber die Mama kam nicht.

Es kamen die Männer mit einem großen Lastwagen. In den wurde er eingesperrt und nach Deutschland in den Zoo gebracht.

Aber was sollte er dort ganz allein? Er war so sehr traurig. Keine Mama mehr da. „Uh, uh, uh!“

Und die Mama? Die kam nach Hause in den kleinen Wald und rief immer: „Jumbo! Jumbo! Wo bist du denn? Uh, uh, uh.“ Aber Jumbo war nicht mehr da. Er war weggelaufen, obwohl die Mama gesagt hatte: „Nicht weglaufen!“ Die Mama lief noch lange im kleinen Wald herum und suchte ihren Jumbo: „Uhhh, uhhh, uhhh!“ Sie fand ihn nicht. Deshalb suchte sie ihn auch noch in dem Stück mit den flachen Büschen. Und, was soll ich euch sagen, auch sie fiel mit einem großen Plumpser in die gleiche Falle, in die schon der kleine Jumbo gefallen war. „Uh, uh, uh! Nun ist alles aus“, sagte sie. Und sie dachte, dass sie ihren kleinen Jumbo niemals wiedersehen würde.

Am nächsten Morgen kamen wieder die Männer mit ihrem großen Lastwagen. Sie holten den großen Mama-Elefanten aus dem Loch und brachten ihn auch nach Deutschland, in den gleichen Zoo.

Langsam und traurig betrat die Mama mit gesenktem Kopf das Gehege. Sie sah in der anderen Ecke einen kleinen Elefanten und dachte noch „Na ja, der Arme, der ist auch allein, aber der geht mich ja nichts an. Aber wie sie näherkam, dachte sie: Der ist genauso groß wie mein kleiner Jumbo. Aber das gibt‘s doch nicht: Das ist ja der Jumbo!

Und da liefen sie beide aufeinander zu und drückten sich ganz fest mit beiden Rüsseln – und weinten und freuten sich, dass sie doch wieder glücklich zusammen waren. „Uhh, uhh, uhh ... uh, uh, uh!“

Und Jumbo versprach der Mama, nie wieder wegzulaufen, wenn die Mama das nicht will.

Käfer

Ich war schon mal ein kleiner Käfer.
Da war ich aber ein Ganztagsschläfer.
Doch in der Sonne kam ich raus
und guckte den Blumen tief ins Haus.
Doch später war ich wieder faul
und schlief erneut wie ein alter Gaul.

Kleine Tiergedichte

Noch andere Ameisen

Zwei Ameisen balgten sich im Schnee.
Nee, das wär gelogen, nee, nee.

Regenwurm

Ein Regenwurm wollte mit anderen schmusen.
Doch er merkte: „Du hast ja gar keinen Busen!
Ohne Busen wird mir klamm,
da aal ich mich lieber wieder im Schlamm."

Wespen

„Bist du dünn wie manche Wespen?
Kannst du dich noch halten an dünnen Ästen?"
„Ich bin halt eine Schicke, Superfeine.
Ich stech lieber Menschen in die Beine."

Maulwürfe

„Mensch, ist das heute wieder dunkel!"
Sie antwortete: „Nur da ist gut Gemunkel."
Das sagte sie mit vollem Charme.
Dann fielen sich beide in die Arme.

Kuschelmaus

Heut komm ich nicht vom Bette raus.
Ich bleib bei dir, liebe Kuschelmaus.
Das ist die schönste Stunde am Morgen.
Da fühl ich mich wohl und hab keine Sorgen.

Ich habe gut geschlafen, über acht,
und nun hat dein Geraschel mich munter gemacht.
Komm rein in mein Haus, dann wirst du es sehen,
ich bin ganz sicher, es wird wieder schön!

Krähe und Schwein

Die Krähe meint: „Ich bin eine Krähe und kann krähen.
Wer bist du?“
„Ich bin das Schwein und kann Schweinerei machen.“
Die Krähe macht: „Piepäh, piepäh! Und nun du!“
Da scheißt das Schwein die ganze Krähe voll.
Aber das fand die Krähe nicht so toll.

Kurzgedichte über Tiere

Von allen Vögeln ist mir der Spatz
immer noch der liebste Schatz.

Der Maulwurf ist meine Sonne,
der wühlt im Dreck, ne wahre Wonne.

Es zwickt uns gern der kleine Frosch.
Und wo? Natürlich mitten im Po.

Eine Spinne hängt an der Decke und lacht adrett.
„Halt, nicht weiter, ich lieg‘ noch im Bett."

Ein Lama spuckt Spucke und hat mich zum Ziel.
Das war ne Sauerei mitten ins Profil.

Letzte Ameisen

Die zwei letzten Ameisen fuhren im D-Zug-Coupé
nach Moskau im Kreml zu Putin, oh je.
Der trat sie tot und beendete ihr Leben.
Ich sah noch ihre Seele zum Himmel schweben.
Natürlich gebe ich zu, das Gedicht ist gelogen,
aber ich habe mich im Schmerz noch im Bett gebogen.

Mogel

Der Mogel ist kein Vogel nicht.
Er ist ein kleiner, platter Wicht,
lebt im Papier, mal in der Steuer,
mal ist er klein, mal ungeheuer
groß, man glaubt es kaum,
hängt fett und mopsig auch im Baum,
dass sich die Äste ziemlich biegen,
doch ist er meistens sehr verschwiegen.

Mücke

Das Lebensglück hat eine Lücke,
sticht mich am Halse eine Mücke.
Mein Blut, das schmeckt denen wunderbar,
denn manchmal kommt gleich ’ne ganze Schar.
Ich bin zwar Vegetarier bei Gott,
doch wenn sie mich sticht, schlag‘ ich sie tot.

Nasobem

Das Nasobem, ein Wundertier,
das lebt seit Kurzem hier bei mir.
Es ist schwanger und ich bin gespannt,
wie wird das Kind von ihm benannt?
Nasobemus, Nasobee?
Ich freu mich auf Kuchen und Kaffee.

Neues vom Nasobem

Ich bin das Nasobem. Im Moment liege ich gemütlich in meiner Wohnung unter der Erde. Meine Wohnung ist schön, nicht zu klein und nicht zu groß, genau passend für mich. Ich habe drei Wohnungen. Die obere hat Raumtemperatur, darunter eine, die kühler ist. Die brauche ich an warmen Sommertagen. Und dann gibt es noch eine darunter, wo die Erde wieder warm ist.

Ich habe meinen Namen, weil ich gerne Nasen anderer Tiere fresse. Das mögen die anderen Tiere natürlich nicht, aber mir schmecken Nasen nun mal so gut. Kinder habe ich keine und will ich auch keine. Die anderen Nasobeme erzählen mir, dass die Kinder von heute nicht so gern Nasobemisch lernen. Dabei ist die Sprache ganz einfach: Wenn eine Sache gut ist, sagt man „SCHEEN“. Und wenn einem etwas gut gefällt, sagt man einfach „HA-HA-HA!“

Ein paar Tage habe ich bei Werner gelebt. Aber der hat mich rausgeschmissen. Er konnte es nicht ertragen, dass ich immer so liebevoll auf seine Nase geblickt habe. Ach, und noch etwas: Vor einiger Zeit dachte ich, ich wäre schwanger. Das war ich aber nicht. Das waren nur Blähungen.

Neues vom Nasobem

Das Nasobem wollte sein Ansehen heben
und seinen alten Namen abgeben.
Gefragt: „Wie willst du heißen?“ – „Max!“
wird abgelehnt: „Du bist‘n Dachs.
Ne ganz besondere Art“, sagt's Amt.
Es bleibt das Nasobem. Verdammt!

Auf seinen Nasen schreitet's seitdem,
(wie Morgenstern schon sagt) bequem,
allein durch die Welt, immer weiter
und ist mal traurig und mal heiter.

Osterhase

Jedes Jahr taucht er wieder auf
und kommt zu uns Kindern ganz schnell rauf.
Der Osterhase ist wieder da.
Ich freu mich drauf und sag: „Hurra!“

Wo war er nach Ostern hin verschwunden
mit seinen vielen Eiern, den bunten?
Ich weiß es nicht, es ist egal,
Er ist wieder da und ich freu mich mal.

Er hat viele bunte Eier im Kasten
und schleppt jedes Jahr ganz schwere Lasten.
Eier und Schokolade sind drin,
und Bonbons schleppt er auch noch hin.

Egal, wo er herkommt, er ist wieder da.
Alles Gute zu Ostern, Hurra!

Plungo

Nachts hat Plungo ungeniert
immer wieder raluziert.
Zuerst war‘s uns ja auch willkommen,
doch später dachten wir beklommen:
„Ist das Symptom nun autonom
oder ist es gastronom?“ –
Wir sehen‘s heute anatomisch
Und mehr ökogastronomisch.

Abschied von der Rübimaus

Mama-Maus und Papa-Maus hatten schon öfter mal darüber gesprochen, dass die Rübimaus anscheinend vorbeihoppelnde Jungen-Mäuse genauer ansah. Aber bisher hatte sie noch nie davon etwas daheim berichtet.

Auf jeden Fall kam eines Tages die Rübimaus eines Abends nicht nach Hause. Man war schon ein bisschen ängstlich, dass sie so plötzlich fehlte. Umso größer war die Überraschung, als eines Tages der Postbote der Mäuse einen Brief in den Briefkasten warf. Von wem der wohl war? Die Überraschung war groß: Er war von der Rübimaus. Sie hatte in der Mäuseschule immer gut gelernt und konnte deshalb auch gut schreiben. Und so sah der Brief aus:

Absender:
Rübimaus
Am Steinberg ganz vorn
in Steinstadt

Bitte wenden!

Mama und Papa-Maus
Am Rübenfeld
gleich ganz vorn am Waldrand

Und da stand auf der Rückseite:
Liebe Mama, ich habe einen netten, hübschen jungen Mäuserich kennengelernt und der bringt sich bald für mich um. Heute hat er lauter Nüsse angebracht.

Das Bild von sich hat er selbst gemalt.

Neulich haben wir den ganzen Tag zusammen gebastelt und geschmuselt. Das war sehr schön. Ich bleibe bei ihm.

Und wenn ich Fragen habe, komme ich euch besuchen. Vielen Dank, dass ihr immer gut zu mir wart.

Deine Rübimaus

Na, das war ja eine schöne Überraschung! Aber nach dem Lesen schrieb die Mama-Maus der Tochter auch einen Brief und jetzt war die Rübimaus vom Inhalt ganz überrascht. Mama war wieder schwanger und erwartete lauter neue Kinder. Na, das war ja ein Ding! Aber die Neuheiten wollten gar kein Ende nehmen. Die Rübimaus schrieb ihnen auch wieder einen Brief. Sie glaubte nämlich, dass sie auch schon die ersten Kinder kriegen würde, weil es in ihrem Bauch ein bisschen drückte. Und so war es auch: Mama-Maus und Rübimaus bekamen lauter neue ganz niedliche Mäuschen als Kinder. Weil sie damit nun ganz viel Arbeit hatten, blieb keine Zeit mehr, neue Geschichten zu schreiben. Und damit hören die Rübimaus-Geschichten einfach auf. Schade.

Ausflug zum Werner

In diesen Tagen hat ein Mensch, der mich gern mag, mir mit viel Mühe klar gemacht, dass ich auch bei ihm wohnen könnte. Er hat immer „Pst, pst, pst!“ leise gerufen und das sollte wohl bedeuten, dass er mich gern mag. Aber wenn wir Mäuse untereinander reden, klingt das noch ein bisschen anders. Aber ich bin ihm mal in sein Haus in Würzburg gefolgt. Unser Feldlager war nicht weit davon entfernt. Also, es hat mir schon gefallen bei ihm. Überall große Möbel, aber auch schöne, kleine Ecken, wo man sich verstecken kann. Weil der Werner kein Fleisch isst – er ist Vegetarier –, gab es kein Fleisch zum Fressen, aber jede Menge Kekse, Brot, und ganz viel reifes Obst. Da habe ich mal richtig reingehauen. Aber als die Dämmerung kam, hatte ich Heimweh. Und dann bin ich wieder ausgerissen zu Mama. Die hat nicht schlecht gestaunt, was ich so alleine erlebt habe.

Beim König

Eines Tages hatte auch der König von der Rübimaus gehört, die so lustig sein sollte. Also sprach er: „Die möchte ich sehen! Holt sie mir her in mein Schloss!“

Und schon bald nach seinen Worten zogen drei kräftige Männer vom Schloss los, um die Rübimaus zu holen. Sie hatten einen wunderschönen, kleinen Käfig dabei. Der war ganz aus purem Gold.

Es dauerte nicht lange, und die Männer standen an dem Rübenfeld, wo die Rübimaus wohnte. Ein Bauer hatte ihnen gesagt, dass die Rübimaus ganz weiß aussah, aber meistens rote Ohren hatte. Also beugten sich die Männer zwischen die roten Rüben und entdeckten auch bald den Eingang zur Wohnung der Rübimaus. Es stand groß darüber: RÜBIMAUS.

Sie warteten und warteten. Und dann guckte unsere liebe Rübimaus aus ihrem Hauseingang.

„Hör mal“, fing der eine Mann an, mit ihr zu reden. „Der König möchte dich kennenlernen. Warst du schon mal beim König?“

„Nein.“

„Na, dann komm einfach mit uns mit. Wir haben für dich einen wunderschönen, goldenen Käfig dabei.“

„Ehrlich? Zeigt mal!“

Und tatsächlich erblickte sie so eine Luxuswohnung zum ersten Mal. „Gut, ich komme mit“, sagte sie und machte es sich im Goldkäfig bequem.

Die Männer klopften beim König an: „Hallo, können wir hereinkommen und dir die Rübimaus bringen?“

„Herein mit euch, ich will sie sehen! Aha, du bist also die Rübimaus?“

„Ja“, piepste sie ein bisschen ängstlich.

„Komm mal in meine Hand“, rief der König ihr zu und ergriff sie. Die Rübimaus war aber schnell und krabbelte flugs in seinen rechten, breiten Jackenärmel und wurschtelte sich nach oben, bis sie am Hals wieder herauskam.

„Hu, hu, hu, haha!“, rief der König lachend und erschrocken. „Was war denn das? Das hat ja noch niemand mit mir gemacht!“

Die Rübimaus war schnell, kletterte auf der Jacke zum Fußboden und – schwupps – war sie zur Tür hinaus. Sie hatte sich den Weg gut gemerkt und war nach wenigen Minuten wieder daheim. Gott sei Dank.

Bei Frau Merkel

Auch Frau Merkel hatte von der lustigen Rübimaus gehört und wollte sie kennenlernen. Also schickte sie drei Männer auf das Feld, auf dem die Rübimaus wohnte. Sie hatten einen schönen Käfig dabei. Der war ganz neu aus Edelstahl, aber nicht aus Gold. Na gut. Die Männer fanden den Wohnungseingang, über dem sehr schön geschrieben stand: RÜBIMAUS. Auch sie warteten und warteten. Aber plötzlich stand die Rübimaus vor ihnen.

„Du, Rübimaus, die Bundeskanzlerin, das ist die Frau Merkel, die möchte dich kennenlernen."

Eigentlich wollte die Rübimaus noch in der Ecke ein bisschen schlafen, aber dann sagte sie: „Gut, ich komme mit!"

Und so kam es, dass die Männer bald mit ihrem Käfig, in dem die Rübimaus saß, bei Frau Merkel eintreten wollten. Frau Merkel musste nur noch zwei Minister für Waldwirtschaft verabschieden. Dann war sie frei.

„Na, das ist ja ein ganz liebes, süßes, kleines Mäuschen", meinte sie und langte auch mit der Hand in den Käfig. Die Rübimaus ließ sich herausnehmen und blinzelte mit den Augen. Da musste Frau Merkel lachen. Aber unsere Rübimaus war wieder ganz schnell und lief am Arm von Frau Merkel auf ihren Kopf und dort hat sie sich ganz toll in ihren Haaren verwurschtelt.

Und Frau Merkel schüttelte den Kopf und rief immerzu: „Huch, huch, huch!"

Da kamen die drei Männer angerannt und wollten helfen, aber die Rübimaus war schon lange auf den Fußboden gefallen und lief davon. Ihr wisst schon, wohin? Na klar: nach Hause. Sie hatte sich den Weg gut gemerkt und kam bald heil und lustig bei Papa und Mama wieder an.

Der Dippi-Strom

Also, die Mäuse haben schon lange Stromleitungen in ihren Wohnungen. Der erste elektrische Strom wurde an einem Wasserfall in den Bergen gewonnen. Dort drehte sich ein Rad im Wasser und in einer kleinen Maschine wurde daraus Strom erzeugt. Und weil das Wasserrad von alleine lief, kostete der Strom auch nichts. Mäuse brauchen kein Geld, weil sie für nichts bezahlen müssen. Was sie essen wollen, können sie sich einfach nehmen!

Zum Heizen brauchen sie keinen Strom. Wenn es ihnen zu kalt in der Wohnung wird, müssen sie einfach ein Stückchen tiefer die Gänge neu anlegen, und schon ist es wieder warm. Sie müssen nur so tief liegen, dass die Bauern beim Pflügen ihre Wohnungen nicht zerstören können.

Die neueste Stromquelle ist das Sonnenlicht. Das haben sie sich von den Menschen abgeguckt, wie man aus Licht Strom machen kann. Das ist der Dippi-Strom: „Dipp, dipp" auf den Schalter, und schon brennt das Licht.

Ja, und das Mäuserettungsfahrzeug ist natürlich ein elektrisches Auto, das mit kleinen Akkus fährt. Das macht auch nicht so viel Krach und passt wunderbar in die Furchen auf den Feldern.

Ach so, ich habe noch vergessen zu erzählen, wie der Strom nun in die Wohnungen kommt. Das wird mit ganz dünnen Kupferkabeln gemacht. Und wo kommen die her? Die besorgen die Elektromäuse aus alten Kabelresten, die sie auf Elektromüllplätzen der Menschen sammeln. Unter jeder modernen Mäusewohnung liegt ganz tief unten ein dünnes Kupferkabel. Damit wird jede Mäusewohnung elektrifiziert.

Ach, und das wollte ich euch auch noch erzählen: Das Krankenauto haben die Elektromäuse auf dem Elektromüllplatz der Menschen gefunden. Es war ein Kinderspielzeug.

Und weil es kaputt war, haben es die Elektromäuse repariert, und nun kann es wunderbar in den Feldrillen fahren und kranke Mäuse retten.

Der Riesenwal

Eines Tages, das ist noch gar nicht so lange her, kam die Rübimaus zu ihrer Mutter und fragte, ob sie alleine zum Schwimmen gehen kann. Sie war ja schon oft schwimmen und konnte es ganz gut. Mama sagte: „Ja, aber schwimm nicht so weit raus!“

Oh, und sie zog los zum Schwimmen. Nach einer Weile dachte sie, sie könnte ja auch mal unter Wasser schauen, mit Luft anhalten und Kopf ins Wasser. Gedacht, getan. Aber sie war zu Tode erschrocken, als sie sah, was da war. Es war nicht ganz scharf zu erkennen, aber das musste unter ihr ein riesiger Wal sein! So einen großen hatte sie noch nie gesehen, und der Gedanke, dass der sie ja fressen könnte, war furchtbar. Also paddelte sie um ihr Leben, um bald an Land zu sein. Dann rannte sie so schnell sie konnte nach Hause und schrie immerzu: „Au-au-au!“

Aber Mama war die Ruhe selbst. „Hab keine Angst! Das war kein Wal!“

„Aber was war es denn dann?“, fragte sie, immer noch ganz aufgeregt.

„Pass auf, das war ein U-Boot. Ein Stück weiter ist so eine U-Boot-Fabrik, und die tauchen öfter ein U-Boot ins Wasser.“

„U-Boot? Was ist denn das?“

„Die Menschen fahren manchmal mit einem Boot nicht nur auf dem Wasser, sondern auch unter dem Wasser. Das brauchen schlaue Leute, die die Tiere und Pflanzen im Wasser beobachten. Und für ganz böse Leute kann man auch in solchen Unterseebooten Krieg mit Kanonen und Bomben führen.“

„Ach du liebe Zeit, was es alles gibt!“

Der Tunnel

Eines Tages überraschte uns Papa mit dem Plan, dass er einen Tunnel von unserer Wohnung aus durch den kleinen Berg nebenan graben wollte. Aber da musste Mama fragen: „Das dauert ja ewig. Wann willst du denn damit fertig werden?"

„Kommt Zeit, kommt Rat. Wenn wir uns nicht mehr daran freuen können, dann eben unsere Kinder!" Und er war nicht mehr zu bremsen. Noch am gleichen Tag fing er an. Die ersten Zentimeter ging das auch sehr gut. Aber dann kamen Wurzeln, Steine, harter Boden. Da kam Papa immer ganz traurig aus dem Loch zurück. Er war trotz stundenlanger Arbeit manchmal nur ein paar Zentimeter vorwärtsgekommen. Und noch etwas machte ihm Sorgen: Die Luft in dem Tunnel wurde so schlecht, dass er fürchtete, er könne das nicht weiter aushalten. Nachdem wir alle darüber nachgedacht hatten, fiel die Entscheidung für eine Verbesserung der Luft. Wir mussten ein kleines Rohr oder einen Schlauch einbauen, in dem ein Motor immer frische Luft von vorne nach hinten bläst. Also so:

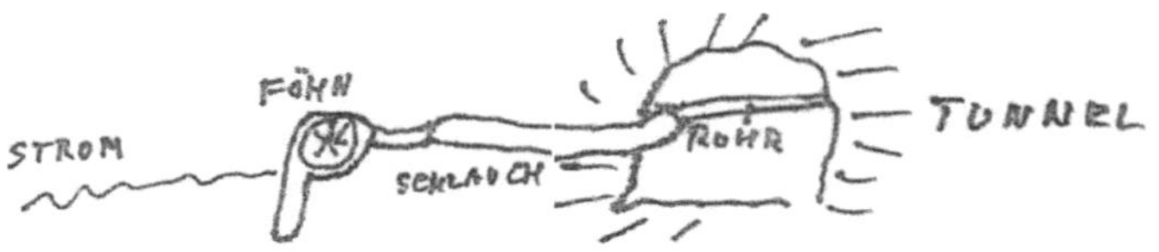

Ein dünner Schlauch aus PVC oder PE war sicher irgendwoher zu besorgen, aber der Motor mit Luftpumpe, das war schon schwieriger. Immerhin hatte unsere Wohnung eine Stromzufuhr. Das Problem war damit auch gelöst. Aber der Motor für die Luftpumpe – wo gibts denn so was? Tagelang ging es mit dem Tunnelbau nicht weiter. Bis einer unserer Verwandten, der sich mit alten Müllplätzen gut auskannte, uns erzählte, dass er einen alten Fön gesehen hätte. Der würde zwar Luft blasen, aber viel zu viel. Und ob er überhaupt noch geht?

Fazit: Die Elektrotechniker unter den Mäusen konnten ihn wieder zum Laufen bringen, und er blies Luft durch sein Rohr. Das war die Lösung des Problems. Er wurde mit Tesafilm an dem Tunnelrohr verbunden und blies die schönste frische Luft der Umgebung in die Baustelle. Super!

Papa verschwand wieder im Loch und brachte jede Menge Müll ans Tageslicht. Nach ein paar Tagen meinte Papa, dass es nicht mehr lange dauern kann bis zum Durchbruch. Und das war auch dringend nötig. Denn das Herausholen der Abfallerde wurde mit jedem Zentimeter immer aufwendiger. Und wir erlebten nach einem Vierteljahr die Fertigstellung des intakten Tunnels leibhaftig mit. Ich glaube, dass Papa sich niemals so gefreut hat wie an diesem Tag. Jetzt können alle Mäuse nach fünf Minuten auf der anderen Seite sein, auf einer wunderschönen Wiese.

Die Rübimaus fliegt ins Ausland

Eines Tages, da war die Rübimaus schon ein bisschen älter, krabbelte sie zwischen Wohnhäusern herum. Und als Herr Sommer in sein Haus trat, huschte die Rübimaus am unteren Fußbodenrand mit in seine Wohnung hinein. Ach, das war ja so interessant, was es da alles zu sehen gab! Nach einer Weile kam sie an einen offenen Koffer, der auf einem Stuhl lag. Da waren Strümpfe, Hosen und ein schöner roter Pullover drin. In dem konnte man richtig gemütlich herumkriechen. Aber jetzt passt auf! Da ging es plötzlich *KLAPP* und der Kofferdeckel flog zu. Herr Sommer hatte den Koffer verschlossen und fuhr mit einem Taxi und dem Koffer zum Stadtflughafen. Das wusste die Rübimaus aber nicht. Sie hielt ganz still im roten Pullover aus. Ohne irgendetwas zu machen, flog sie mit Herrn Sommer mit!

Nach ein paar Stunden war die Luft schon ganz schön verbraucht, aber weil eine Maus nicht so viel Luft wie Menschen braucht, konnte sie es gerade noch aushalten. Puh, aber es war gut, dass sie wieder gut atmen konnte. Und husch, husch, war sie unter dem Bett von Herrn Sommer verschwunden. Dann kam eine Frauenstimme: „Hello, Mister Sommer!"

Was war denn das? Die redete ganz anders als bisher alle Menschen. Das war kein Deutsch! Das war eine andere Sprache, die die Rübimaus noch nicht gehört hatte. Jetzt hatte sie richtig ein bisschen Angst. Vorsichtshalber blieb sie immer in Herrn Sommers Zimmer. Wenn sie Hunger hatte, holte sie sich bei ihm Kekse aus der Tasche, und Wasser war im Blumen... der Vase zum Trinken. Und abends ging sie immer in den roten Pullover schlafen.

Nach zwei Tagen flog Herr Sommer zurück. Was er nicht wusste, war, dass in seinem Koffer wieder die Rübimaus versteckt war. Seiner Frau erzählte er, dass alles in Ordnung sei, aber er wisse nicht, wie der Mäusedreck in seinen Pullover gekommen sei. Aber wir wissen es: Die Rübimaus hatte dort AA gemacht.

Die Rübimaus im Krankenhaus

Die Rübimaus war ein süßes, kleines Mäuschen, das meistens seinen Eltern gut folgte. Und weil es keine Mäuseschule gab, musste sie das auch tun. Aber ab und zu rannte sie und sprang wie verrückt in der Gegend herum, sodass sie auch mal ausgeschimpft wurde. Und eines Tages passierte das Unglück, als sie übermütig von den großen, roten Rüben heruntersprang. Sie fiel hin und brach sich den rechten Vorderfuß. Sie schrie auf und hatte große Schmerzen. Die Mama war zuerst da und ahnte schon, dass der Knochen gebrochen war.

„Ach, du lieber Gott, was nun?“ Sie blieb bei der kleinen Rübimaus und streichelte sie ganz zart. Das tat zwar gut, aber der Schmerz blieb trotzdem vorhanden. Es dauerte nur ein paar Minuten, und das ganze Rübenfeld war informiert, was passiert war. Und was soll ich sagen, mit Tatütata kam der Mäusekrankenwagen. Und auch der hatte sogar sein Blaulicht an.

Vorsichtig trugen Rettungsmäuse die verletzte Rübimaus auf eine Trage und fuhren sofort ins Mäusekrankenhaus. Wer hätte gedacht, dass es so etwas gibt? Und sogar ein klitzekleines Röntgengerät hatten sie auch. Tatsächlich war das Bein gebrochen. Es wurde in einen Gipsverband gelegt. Die Schmerzen konnte die Rübimaus jetzt ganz gut aushalten, denn sie bekam kleine Tabletten zum Schlucken, die die Schmerzen betäubten.

Danach wurde sie wieder mit dem Krankenhausauto nach Hause gefahren. Aber das Krabbeln durch die Wohnung, oh je! Da tat wieder alles weh! Wie gut, dass die Mama da war. Jetzt musste die Rübimaus erst mal ein paar Tage ins Bett zum Schlafen.

Die Rübimaus muss zum Arzt

„So“, sagte eines Tages die Mutter zur Rübimaus, „heute gehen wir beide zum Rübimaus-Doktor.“

Und weil sie noch niemals da war, fragte sie ein bisschen erschrocken: „Was macht der mit mir?“

„Du brauchst keine Angst zu haben“, entgegnete ihr die Mama. „Der will nur kontrollieren, ob du gut sehen kannst.“ Und darauf hatte die Rübimaus auch keine Angst mehr. Mama krabbelte voraus über den kleinen Berg zum Bach hin.

„Wir müssen auf die andere Seite hinüberschwimmen. Aber ich weiß ja, dass du schwimmen kannst!“

Mama kannte eine Stelle, wo der Bach nicht tief war, und schmal war er auch noch. Also ging es ruckzuck und drüben waren sie beide. Nach ein paar Metern waren sie schon wieder trocken und standen vor der Arztwohnung, an der ein Schild ankündigte: „Dr. Maus“.

Sie mussten ein paar Minuten im Wartezimmer warten. Dann kam Dr. Maus. Er hatte eine Brille auf. So etwas hatte die Rübimaus noch nie gesehen. Das beeindruckte sie sehr.

„Na, wie geht es dir denn?“, waren seine ersten Worte.

„Gut“, war ihre Antwort.

Dann kam er ganz nah zu ihr und schaute ihr in die Augen. „Ja, ja, das sieht ganz gut aus!“, murmelte er vor sich hin. Dann musste die Rübimaus lauter lustige Herzen erkennen, normal große und auch ganz kleine.

Und dann wollte die Rübimaus von ihm hören, warum sie immer rote Ohren bekam, wenn die Mama viele rote Rüben zum Fressen verteilt hatte.

„Tja“, erklärte der Doktor, „das ist so, dass nur ganz liebe Mäusekinder die Ohrenfarbe ändern können: Rot bei vielen roten Rüben, Grün bei viel Spinat und Gelb bei viel Erbsen oder Mais. Aber das tut ja nicht weh und ist normal. Also tschüss bis zum nächsten Besuch!“

Auf dem Weg nach Hause trafen sie Nachbarn, und die Rübimaus gab mächtig an: „Ich war sogar schon beim Arzt, und der war sehr zufrieden mit mir. Ätsch!“

Die Rübimaus lernt fliegen

Eines Tages, man glaubt es kaum,
da kletterte die Rübimaus auf einen Baum.
Aber nicht auf so‘n dünner bloß,
sondern auf einen großen, legt sie los.

Schon hat sie dort den ersten Ast
zur Seite richtig gut erfasst.
Da meldet sich direkt daneben ein Vögelchen
und will sich gerade erheben.

Die Rübimaus findet es fabelhaft,
dass sie‘s bis hierher hat geschafft.
Da sagt die kleine Amsel frech:
„Hab keine Angst und red‘ kein Blech.

Du kannst mit mir nach unten fliegen,
was du mit Mühe hast erstiegen.
Du machst mit deinen Armen so
und fliegst dann los, fortissimo!“

„Ja, wenn du meinst, ich lass mich fallen
und wackle mit Füßen, und zwar mit allen!“
Ihr ahnt es schon, dass sie abgestürzt
und hätte ihr Leben fast verkürzt.

Mit „Aua!“ und Schmerz lag sie im Dreck
und kam mit Mühe nur vom Fleck.
Erst muss man lernen, was geht, was nicht.
Sonst fliegt man frontal direkt aufs Gesicht.

Drei Pflaster hat sie nun am Kopf
und sitzt bei Mama brav am Topf.

Frühstück mit der Rübimaus

Hallo, lieber Freund oder liebe Freundin! Weißt du überhaupt, wie ich immer frühstücke? Nein? Also, zuerst holt Mama immer eine Tasse aus dem Schrank. Die Tassen haben wir vom Tassen-Macher. Der zersägt eine Walnuss und knabbert die Hälften so geschickt aus, dass eine Tasse übrigbleibt. Das kannst du auch machen. Am Ende musst du sie nur mit Wasser spülen und schon ist sie fertig. Du wirst staunen, wie gut daraus der Kaffee schmeckt.

Du weißt ja, dass die Rübimäuse kein Geld haben. Also bringen sie dem Tassen-Macher etwas Gutes zum Essen mit: Käse, Weintrauben oder Marmelade. Dann schüttet Mama die Tasse voll Kaffee mit Milch und Süßstoff. Das schmeckt schon mal super.

Dann gibt es noch Brot, das wir von einem Bäcker haben. Das sind so abgerissene Stücke von einem Brot, aus dem Mama kleine Scheiben schneidet. Und der Süßstoff kommt aus einer Erfindung meiner Mama. Sie besorgt sich manchmal eine Zuckerrübe. Die schneidet sie in kleine Stücke und kocht sie in Wasser. Nun kommt ihre Erfindung: Die gekochten Stücke quetscht sie zwischen zwei Ästen aus und fängt den braunen Saft auf. Der schmeckt supersüß. Butter haben wir keine. Mama sagt immer, die macht bloß dick. Also tunken wir unser Brot in die Marmelade ein oder kleckern etwas auf das Brot. Am liebsten mag ich Kirsch-, Himbeer- oder Apfelsinenmarmelade. Und Haribo-Bonbons haben wir auch nicht, aber Zuckerrübenschnitzel. Die schmecken wie Bonbons.

KSB-Bratlinge

Vor ein paar Tagen sagte Mama zu mir: „Morgen wollen wir KSB-Bratlinge essen."

„Oh, was sind denn KSB-Bratlinge?"

„Das weißt du noch gar nicht? Also, KSB ist die Abkürzung für Kartoffel-Schabe-Brei. Das musst du mit Papa zusammen holen. Wir holen das immer bei einer Rattenfamilie. Die sind nämlich stärker als wir. Zum Bezahlen möchten die immer einen schönen Apfel haben, der muss rot und gelb aussehen. In der Schuppenecke haben wir auch zwei versteckt. Einen könnt ihr mitnehmen und zur Ratte kugeln."

„Na, das ist so aufregend. Woher kennt ihr denn die Ratte?"

„Die kennen wir schon lange. Die war immer nett zu uns."

Und dann liefen der Papa und ich zur Rattenfamilie. Die hatten hinter einem Holzlager eine richtige kleine Werkstatt. Was es da alles zu sehen gab! Auf einem kleinen Tisch war ein Glasscheibenbruchstück befestigt, sodass ein Kartoffelstück an der Schnittkante beim Drüberschieben von dünnen Kartoffelstückchen befreit wurde. Der abgeschnittene Brei fiel in kleine Nussschalen. Papa zeigte unseren Apfel und man war sich sofort einig, dass wir unsere Glasbüchse dafür mit Kartoffelbrei gefüllt zurückbekamen. Also bekamen Papa und ich eine Zugleine, um die wertvolle Ladung heil nach Hause zu bugsieren.

Dann kamen Mama und ich in Aktion. Wir pressten kleine Bratlinge in einen Tiegel. Außer Braten habe ich auch ein Herz gebastelt. Dann hat Mama in jeden Tiegel etwas Rapsöl aus einem Beutel geholt und dann kam das Braten. Uh, das hat lecker geschmeckt, mh. Am Ende waren es über zehn Bratlinge, die mundgerecht auf dem Teller lagen: Das hat super prima geschmeckt und ich freue mich, wenn wir das mal wiederholen.

Mäuseschule

Ja, und das haben wir ja auch ganz vergessen: die Mäuseschule. Natürlich müssen kleine, junge Mäuse in die Schule gehen. Und dort lernen sie Sport (Rennen und Turnen), Rechnen (mit dem MM-Buch, dem Buch für Mäuse-Mathe), Reden, Piepsen und Singen.

Unterricht gibt es nur bei gutem Wetter im Freien. Bei Regen müssen alle daheim helfen. Die Lehrer und Lehrerinnen sind ganz schlaue Mäuse, und die tragen alle eine Brille. Die Mäuseschüler müssen die Zahlen 1 bis 10 auswendig können. Das ist für kleine Mäuse ganz schön kompliziert. Am Schulende müssen alle das Lied können:

„Die kleine Maus
guckt gern zum Loch raus
und geht gern
überall rein und überall raus."

Mäusekrankenhaus

Zuallererst müsst ihr wissen: Kein Mensch darf erfahren, wo das Krankenhaus für die Mäuse ist. Aber da ja nun die Rübimaus darin war, hat sie es gesehen und darf nicht verraten, wo es ist. Das Krankenhaus befindet sich nämlich in einem großen Stein. Dort haben über lange Zeit hinweg fleißige Mäusemaurer mit großer Mühe und mit Hammer und Meißel viele Gänge gebohrt und kleine Behandlungszimmer eingerichtet. Selbstverständlich ist alles gut mit Lampen erleuchtet. Die gut eingerichteten Mäuse, so wie die Eltern der Rübimaus, haben alle elektrischen Strom, den sogenannten Dippi-Strom. Wie dieser in die Wohnungen kommt, erzähle ich euch ein anderes Mal. Das ist nämlich die Sache der Elektromäuse.

Aber jetzt erzähle ich euch noch ein bisschen vom Krankenhaus. Fotos gibt es keine, weil alles geheim bleiben soll. Der Stein ist von einem großen Busch verdeckt, sodass man ihn gar nicht von außen erkennen kann.

Im Erdgeschoss sind die Buchführer untergebracht. Sie müssen alle Krankheiten aufschreiben. Wer das Krankenhaus braucht, kann es kostenlos benutzen. Bei den Mäusen ist es so eingerichtet: Man muss nur für Essen und Schlafen bei Handwerkern sorgen. Aber sonst kostet es nichts.

Im Obergeschoss sind die Operationssäle mit allem, was dazugehört. Und im zweiten und dritten Obergeschoss liegen die Kranken in ihren Betten. Die Küche ist im Keller.

Rübimaus

Ich bin die kleine Rübimaus
und wohne hier in diesem Haus.
Da drin sind lauter lange Gänge,
die ziehen sich ganz schön in die Länge.

Ich hab‘ zwei Zimmer zum Schlafen und Spielen,
da kann ich mich drin richtig fühlen.
Zum Essen ruft dann immer Mama,
und das schmeckt gut, ganz ohne Trara.

Am liebsten ess‘ ich rote Rüben,
die wachsen hier und auch da drüben.
Dann hab' ich normal ganz rote Ohren,
doch die sind warm und nicht erfroren.

Aber ess‘ ich viel Spinat,
sind grüne Ohren das Resultat.
Ich bin froh, dass du mich gernhast,
deswegen hab‘ ich das Gedicht verfasst.

Rübimaus sieht Eisenherstellung

„Also“, fing eines Tages unser Menschenpapa an, „ich wollte schon lange mal unsere Rübimaus fragen, ob ich ihr einen Gefallen tun könnte. Ich habe mich sehr gefreut, dass sie unsere Sprache gelernt hat. Deshalb können wir richtig miteinander reden. Also, liebe Rübimaus, womit könnte ich dir eine Freude machen?“

„Hui“, war ihre erste Antwort. Aber dann kam sie noch etwas schüchtern zu Wort: „Du arbeitest doch in einer Fabrik, in der Eisen hergestellt wird? Kannst du mir das mal zeigen?“

Und zu ihrer Überraschung sagte unser Papa einfach: „Ja. Morgen kannst du gleich nach Sonnenaufgang zu uns kommen, und ich nehme dich im Auto mit in die Fabrik, okay?“

Na, die Rübimaus hätte sich bald überschlagen vor Freude.

Bei Sonnenaufgang krabbelte sie schnell zur Menschenwohnung und wartete vor der Haustür. „Also, dann hüpf mal in meine Hosentasche, aufs Auto und auf den Rücksitz, und dann fahren wir los!“

Mein Gott, war der Weg dahin weit! Das hätte sie niemals alles alleine laufen können. Dann versteckte er sie in einer Tasche, aus der sie wunderbar herausgucken konnte. Ab und zu sprach er, damit sie auch mitbekam, was er alles sagte: „Der wichtigste Rohstoff zur Herstellung ist ein glänzendes Erz. Das ist Pyrit. Es enthält Eisen, das mit Schwefel verbunden ist. Die Formel lautet FeS_2. Da drüben wird es auf Güterwagen durch die Eisenbahn gebracht. Dann wird es mit Koks auf hohe Temperaturen erhitzt. Eisen schmilzt zu flüssigem Eisen bei 1535°C! Das ist verdammt heiß! Und wenn man noch weiter heizen würde, fängt es bei 3070°C an zu kochen. Das rohe Eisen ist noch unrein und wird noch in zwei weiteren Öfen verbessert. Am Ende fließt das flüssige Eisen heraus in Formen und wird weiterbearbeitet. Das gucken wir uns mal an!“

Das hatte unsere kleine Rübimaus noch nie gesehen, so viel Eisen und alles so heiß!

Mittags fuhr sie mit Papa zurück in seine Wohnung. Dann rannte sie schnell zu ihrem Bau und erzählte und fraß und erzählte wieder.

Das war ein ganz großes Erlebnis für sie.

Rübimaus‘ Vetter

Sieben kleine Rübimäuse wohnten in einem Haus.
Sie waren wach und guckten raus.
Sie beschlossen, bei diesem Wetter
besuchen wir alle mal unseren Vetter.

Der wohnte zwei Furchen weiter oben,
wo wir immer um die Möhren toben.
Der Vetter war eine große Maus,
deshalb hatte er ein großes Haus.

Er begrüßte sie und zeigte seine Frau
mit ihrem schönen Körperbau.
„Sie kann auch wunderbar schön kochen,
und alles hat immer gut gerochen.

Ihr seid eingeladen in jedem Falle,
es gibt Kartoffelsuppe für alle.“
Und ehrlich, die schmeckte wirklich gut.
Dann gings nach Haus, wohlgemut.

Die Verwandten der Rübimaus

Eines Tages fragte mich Mama, ob ich mal meine Geschwister kennenlernen wollte.

„Wie?“, fragte ich erstaunt, „habe ich denn Geschwister?“

„Ja, natürlich, denn vor deiner Geburt hatte ich auch schon Kinder. Elf Stück waren das! Da staunst du wohl? Denn ältere Mäusefrauen haben mehr als einmal Kinder im Jahr!“

„Na, das ist ja ein Ding. Das wusste ich noch gar nicht. Zeigst du mir sie? Das sind ja dann auch alle meine Geschwister!“

Und schwupps, waren wir vor einem anderen Mäuse-Wohnungsbau. „Hier, ihr Lieben, zeige ich euch eure jüngste Schwester. Sie heißt Rübimaus.“

Und sofort kamen alle Geschwister auf sie zu und begrüßten sie mit einem leisen Willkommensgruß. Ach je, so viele große Geschwister zu haben, das war ja wunderbar. „Ihr könnt mich alle mal besuchen. Mama weiß den Weg.“ Und damit hatte die Rübimaus auf einmal ganz viele liebe Besucher. Und alle brachten auch noch etwas Schönes zum Fressen mit. Das war ein richtiger Glückstag.

Sperling

Für mich bist du ein süßer Spatz,
ein richtig lieber, kleiner Schatz.
Durch dich bekomm‘ ich gute Laune,
weil ich dich immer schon bestaune.

Egal, ob ich dich seh‘ im Gras,
am Rinnstein oder auch auf der Straße,
du bist so fleißig, flink und froh.
Ich frag‘ mich wirklich oft: wieso?

Dein Leben ist nicht bloß zum Lachen,
denn du musst auch so vieles machen:
das Fressen sammeln, Trinken suchen,
die Krümel prüfen von ‚nem Kuchen,

auch Beeren kosten oder Körner,
auf Kühe fliegen zwischen Hörner!
Und wenn es regnet, suchst du‘n Dach,
bist nachts noch bei dein' Kindern wach.

Doch fröhlich hüpfst du durch die Welt,
freust dich an allem ohne Geld.
Ich freu‘ mich mit und lern‘ von dir.
Du bist mein vorbildliches Tier.

Tauben

Ich bin ein Vogelliebhaber und habe im Garten fünf Stellen, die ich mit Vogelfutter versorge. Vielen Vögeln gefällt das, und ich muss alle paar Tage für Nachschub sorgen. Finken, Elstern, Raben, Meisen und auch Tauben kommen ständig zu Besuch. Die Tauben hatten noch einen Baum zum Beerenpflücken aufgesucht. Der arme Busch war voll von vielen Tauben gleichzeitig bevölkert. Die dünnen Zweige haben unter dem Gewicht der schweren Tauben ganz schön nachgegeben, aber sie haben es überlebt.

Nun konnten aber die großen Tauben nicht ohne Weiteres an die Futterstellen heran, weil diese mehr für die kleineren Vögel gedacht waren. Wir konnten dann häufig ihre ausdauernde Geduld und den Erfindungsreichtum beobachten, wie sie doch noch ein paar Samenkerne ergattern konnten. Ihr Wille, noch etwas Futter zu bekommen, ließ nicht so schnell nach. Ab und zu bedanken sich die Tauben bei mir durch die freundliche Überlassung einer schönen Flügelfeder.

Teddy

Es war einmal und ist lang her
ein ausgestopfter Teddybär.
Der saß allein im Sofaeck
und der wollte auch mal weg.

Er brummte leise vor sich hin;
doch mehr Gedanken waren nicht drin.
Er wollte rücken, doch das ging nicht.
Zu schwer war für ihn sein Gewicht.

Er gab sich Mühe, er war so träg.
Doch eines Tages lag er plötzlich schräg.
Was er nicht ahnte, doch es ist wahr:
So lag er dann ein ganzes Jahr.

Da kam plötzlich die Sophie
und legte ihn hin wie bisher nie.
Jetzt sah er vor sich schöne Blumen.
Das erweiterte sein Denkvolumen.

Tierfragen, Pflanzenfragen

Gibt es Fische ohne Augen in 5000 m Tiefe? Womit orientiert sich ein Fisch ohne Augen?

Empfinden Bakterien Schmerzen? Kann sich eine Bakterie freuen?

Haben Schnecken Augen?

Hat unsere Erde ein Bewusstsein, z.B. wenn der Ätna „rülpst“?

Wie verarbeitet ein Löwenbewusstsein es, wenn er eine Antilope oder einen Menschen fraß? Hat es nur „gut oder schlecht geschmeckt“, ist das alles?

Wie sterben 1000 Heuschrecken? Hunger, Hunger, Tod?

Wenn Vögel Knospen von Büschen abbeißen, tut das den Büschen weh?

Und wenn Menschen Bäume absägen, tut das den Bäumen weh?

Ich sage: Nein.

Tierisches

Der Eber ist oft missgestimmt,
weil seine Kinder Schweine sind.
Nicht nur sein Weib, die Sau, alleine,
die ganze Verwandtschaft – alles Schweine.

Diese Feststellung stammt nicht von mir,
sondern von Heinz Erhardt.
Mich haben sie zu den nachfolgenden
Feststellungen angeregt:

Auch ist der Storch oft missgestimmt,
weil seine Beine so sehr dünn sind.
Er schämt sich manchmal schon beim Baden,
denn er hat wirklich dünne Waden.

Der Ochsenfrosch, der schämt sich nicht.
Er hat das richtige Gewicht.
Froh quakt er über jeden Quatsch
und springt beglückt ins Wasser, platsch!

Besonders schlank sind aber Wespen.
Das neiden ihnen manche Lesben.
Ein bisschen dicker ist die Biene.
Doch sie trägt‘s leicht mit süßer Miene.

Der Maulwurf gräbt sich vor zur Wurzel,
der süße, kleine, schwarze Purzel.
Und schwämme er zum Beispiel in der Elbe,
wär‘s trotzdem lange nicht dasselbe.

Tomabem

Ein neues Tier ist's, das Tomabem.
Das ist so süß und so bequem.
Es sitzt ganz lieb auf Sofas rum
und beim Kraulen macht es den Rücken krumm.

Es hat ein Maul, groß wie 'ne Pflaume,
und frisst ganze Nüsse – wie im Traume.
Alle wollen mit ihm schmusen.
Es streckt sich zart an deinen Busen.

Doch ist es viel zu teuer im Markt.
Wenn du den Preis hörst, bekommst du 'nen Infarkt.
Tausend Euro kostet der Purzel.
Sein Fressen ist billig, es frisst gerne Wurzel.

Schade.

Unser Tier-ABC

A
Der Affe ist gut gebaut
und hat viel Haare auf der Haut.

B
Der Bär ist groß, kräftig und braun.
Den seh‘n wir lieber hinter‘m Zaun.

C
Chinchilla ist wie ein liebes Kaninchen
und ist lebhaft wie ein Bienchen.

D
Der Delphin schwimmt so schnell wie‘n Fisch,
platschend durchs Wasser mit Gezisch.

E
Das Eichhörnchen, das springt im Baum,
so schnell und man sieht es kaum.

F
Der Frosch springt mit Plumps ins Wasser rein,
am Morgen und Abend beim Sonnenschein.

G
Die Gazelle ist schlank und springt an Land.
Sie springt im Gras und auch im Sand.

H
Hornissen und Hummeln machen summ-summ
und fliegen im ganzen Wald herum.

I
Der Igel hat Stacheln am ganzen Leib
und kriecht unters Laub zum Zeitvertreib.

J
Der Jaguar ist gefährlich und beißt
und hat schon andere Tiere verspeist.

K
Das Krokodil frisst immer viel.
Mal ist es ruhig, mal mobil.

L
Die Lerche hat ganz ungeniert
in der Luft herumtrilliert.

M
Der Maikäfer ist braun und schön klein
und passt grad so in ‘ne Hand hinein.

N
Das Nilpferd ist ein großer Brocken
und schwimmt im Wasser ohne Stocken.

O
Der Ochse ist kräftig und hat Hörner am Kopf.
Seid immer schön vorsichtig, wenn ihr seht seinen Schopf.

P
Legt der Piepmatz mal ein Ei,
dann schreit er laut: „Ein Ei, ein Ei!“

Q
Die Qualle ist ein Tier im Meer.
Wenn du sie sehen willst, such sehr!

R
Ein Rind ist ein großes Tier.
Sei lieber vorsichtig und bleibe hier.

S
Schmetterlinge sind zart und fein.
Sie fliegen durch die Luft meistens allein.

T
Die Taube fliegt in unserm Ort,
doch wenn man hingeht, ist sie schon fort.

U
Der Uhu sitzt in ewiger Ruh
und macht ab und zu die Augen zu.

V
Weil er immer ganz viel fraß,
heißt er folgerichtig Vielfraß.

W
Der Wal im Meer ist groß wie ein Zimmer
und pustet Luft raus ohne Gewimmer.

X
Der Xiphias, das ist ein Fisch,
der schwimmt im Wasser, ob's warm ist oder frisch.

Y
Das Yak ist im Gebirge ein Rind.
Das weiß doch heute jedes Kind.

Z
Das Zebra hat auf seinem Rücken
schwarzweiße Linien zum Entzücken.

Und wer glaubt, das sind alle Tiere mit „Z“,
der unterschätzt unser Alphabet.
Es gibt noch im Wasser den Zander,
den Zingel und den Ziosler,
in der Luft den Zeisig und
an Land die Ziege und den Zobel.

Vegetarimaus

Eines Tages kam die Rübimaus zu ihrer Mama und fragte: „Vegetarismus. Ich habe das Wort gehört und weiß nicht, was es bedeutet."

Die Mama wusste ganz viele Sachen und konnte es ihr auch gut erklären: „Also, die Vegetarier sind Menschen oder Mäuse, die keine anderen Tiere fressen. So einfach ist das. Sie möchten, dass alle Tiere weiterleben. Ich mache das auch so, aber Papa ist kein Vegetarier. Er isst alles, was er zu fressen kriegt. Er sagt immer: ‚Wer in meinem Bau herumkriecht, wird gefressen, egal, ob es Ameisen oder Regenwürmer sind!'"

Nun wollte die Rübimaus von der Mama wissen, was sie macht, wenn sie Ameisen im Gang trifft.

„Ich nehme einfach den Besen und kehre sie ins Freie. Die wollen ja auch leben, oder? Schau mal, wir haben so viel zu fressen, da muss ich nicht andere Tiere töten. Das können wir alles fressen: Gemüse, Obst, Nüsse, Getreidekerne, Brot und noch anderes. Auch zu trinken haben wir genug: Wasser, Milch, Kaffee und alle möglichen Limonaden."

„Und wo holst du immer die Milch?", wollte die Rübimaus auch noch wissen.

„Bei unserer Tante, die wohnt in der Molkerei. Da wird die ganze Milch gesammelt. Die haben Kuhmilch, Ziegenmilch, laktosefreie Milch und ganz viel Käse. Da gibt es so viel Abfall oder direkt vom Lager, in das unsere Tante auch hereinkommt. So, und willst du auch Vegetarier sein?"

„Ja, ich bin auch ein Veggie!"

Vegetarismus

Ich riskiere hier ein offenes Wort. Wem das nicht gefällt, der mag es überblättern oder nicht lesen. Aber wahr ist es.

Ich bin seit 23 Jahren Vegetarier. Also esse ich keine Tiere mehr, weder Rinder, Schweine oder Hasen, noch Fisch und Krebse. Ich lebe gut von der Pflanzenwelt, deren Vielfalt am Markt ja heute riesig ist.

Der typische Normalbürger aber isst diese Tiere alle. Woher nimmt er sich das Recht, dies zu tun? Hat er sich selbst das so ausgedacht? Aber die Tiere möchten auch leben, wie wir. Und ich denke sogar, sie haben das Recht dazu. Diese Gewohnheit, Tiere zu töten und aufzuessen, hat sich der Mensch ausgedacht.

Die Schlachthöfe sind genau genommen Massenmordanstalten. Wir nehmen den Tieren die Freiheit, oft werden sie noch durch schlechte Pflege gequält und dann essen wir sie auf. Ich finde, das ist unmoralisch und grausam.

Aber jeder Mensch kann davon Abstand nehmen und sich an freien oder gut gepflegten Tieren erfreuen. Mir machen viele Tiere große Freude und ich will nicht an ihrem Tod schuld sein. Ob Sie‘s auch mal probieren?

Veggie

Ich möchte gern, dass Rinder und Kühe leben
und Schweine dazu ihr Grunzen geben.
Und Fisch wird auch keiner mehr gegessen.
Auch Hühner fallen weg beim Essen.

Ich lebe mit Gemüse, Obst und künstlichem Fleisch
ohne schreckliches Tiertötungs-Gekreisch.
Das künstliche Fleisch wird aus Soja gemacht.
Dieses Eiweiß schmeckt gut wie eine Pracht.

Ich lebe als Veggie gesund und froh.
Warum macht ihr das nicht ebenso?

Viren

Viren sind komische Wesen. Sie können nicht alleine leben, aber in Pflanzen, Tieren oder auch in Menschen können sie irgendwie doch leben und sich sogar vermehren. Wir alle haben in den letzten Jahren vernommen, dass sie durch kleine Änderungen sich speziell an die Wirtswesen, z.B. auch den Menschen, anpassen können.

Nun hat man vor Kurzem auch Viren in 50.000 Jahre alten Tierkadavern, die aus geschmolzenem Eis isoliert wurden, gefunden. Und was keiner vorher wusste: Einige von ihnen sind wieder lebbar gewesen. Das ist fast unglaublich: Tausende Jahre im Eis und heute leben sie wieder. Natürlich besteht eine berechtigte Angst, dass da Urahnen-Krankheiten auf uns zukommen könnten, was wir gerne vermeiden wollen.

Mal sehen, was da unsere Paläontologen oder Biochemiker ans Licht der Erde gebracht haben.

Vogelfutter im Schlaraffenland

Bei einem kleinen Spaziergang durch einen von übermäßig blühenden Büschen kam mir der Gedanke, wie wohl die Umgebung Ende März auf die Vögel wirken wird. Denn sie flogen lustig von Baum zu Busch und zurück, dass es die reine Freude war, zuzusehen. Ich nutzte eine Bank, um etwas auszuruhen, und stellte mir vor, dass ich auch ein Vogel wäre. Was sehe ich? Das Schlaraffenland für Vogelfutter, denn alle Büsche und Bäume waren voll gut schmeckender Knospen. Jede schmeckt gut, aber jede ein bisschen anders. Und wenn ein kleiner Krabbelkäfer oder eine kleine Raupe sich auch zu der Rinde wagen sollten, würde ich als Vogel nicht „nein" zur zusätzlichen Speisenverbreitung sagen.

Die Millionen gut schmeckender Knospen werden sicher 100.000 Vögel saftig ernähren und genügend Kraft für den Nestbau liefern.

Das Vogelhaus

Da erfuhr ich von meiner Lebenskameradin, dass sie ein neues Häuschen zum Füttern von Vögeln kaufen wollte. Ich war davon so begeistert, dass ich auch das Gleiche haben wollte. Es war eine durchsichtige Doppelwandkugel mit Vogelfutter im Zwischenraum. Das hatte ein Amerikaner erfunden und wurde dafür prämiert. Also hopp, da sollen sich doch gleich in zwei deutschen Gärten die Vögel über etwas Schönes freuen.

Nach ein paar Tagen kam ein riesiger Karton mit dem Wundergerät. Auf seinem Bild waren gleich zwei lustige Meisen zu sehen. Es konnte gar nicht schnell genug gehen, bis die beiden Wundermaschinen hingen. Aber kein Vogel flog hinein. Hatten wir etwas verkehrt gemacht? Da war doch noch in klein geschriebenem Text so ein Hinweis, dass die Vögel immer einige Zeit brauchen, bis sie ein neues Haus annehmen würden. Also mussten wir noch Geduld haben. Wie lange noch? Einen Tag oder eine Woche? Sie glauben gar nicht, wie oft wir das Häuschen im Garten suchten! Nach zwei Wochen war noch kein Vogel drin.

Gab es denn etwas, wie man die Vögel locken könnte? Ich wusste nichts und meine Lebenspartnerin auch nicht. Im März hatten wir die preisgekrönten Gebilde aufgehängt. Wenn sich jemals ein Vogel da rein wagt, schreibe ich den zweiten Teil der Geschichte. Im Moment warte ich, während der Erfinder Millionär wird.

Das Vogelhaus, zweiter Teil

Die Zeit ist um, der erste Vogel ist drin.
Jetzt macht alles einen Sinn.
Aber zwei Monate sind doch ellenlang,
bis es dem ersten Vogel gelang,
in unser neues Haus zu schlüpfen
und mit der Hungerstillung zu verknüpfen.

Wir wünschen immer guten Appetit,
wenn der Vogelmagen meldet Defizit.

Vögel im Garten

Die Vögel im Garten sind fröhlich und nett
und immer geputzt und sauber, adrett.
Sie fressen gern Futter, das ich für sie streute.
Da kommen sie schnell, lieber gestern als heute.
Sie bitten nicht darum und bezahlen auch nicht.
Doch hat ihr Besuch bei mir ein Gewicht.
Ich freue mich einfach, wenn sie kommen
und hoffe, das wird mir niemals genommen.

Vögel und Schweine

Der Kuckuck ruft kuckuck, kuckuck.
Der Uhu ruft uhu, uhu.
Dann denkt das Schwein: Das mach ich auch!
Und lacht sich ‘ne Falte in den Bauch.

Der Kuckuck protestiert und macht Radau
und stiehlt dem Schwein die ganze Schau.
„Du bist ein Schwein und dazu ‘ne Sau!“

VVdT – Vegetarierverein der Tiere

Und das waren die letzten Worte beim Vortrag vom Vorsitzenden: „Alle Tiere müssen in unseren Verein, denn jedes Tier hat das Recht auf ein Leben!“

Meine Nachbarin fragte mich: „Wie findest du das mit diesem Verein?“

„Gut, Frau Wildschwein, gut. Ich kenne mich gut mit Körnern als Nahrung aus. Und wenn da mal eine tote Maus auf dem Acker liegt, die schmatze ich auch noch mit Genuss!“

„Halt, halt! Als Veggie darfst du das aber nicht mehr fressen!“

„So ein Quatsch! Was tot ist, ist tot. Das kann ich sehr wohl verspeisen. Der Paragraph muss noch geändert werden.“

Überhaupt müssen noch ein paar Probleme geklärt werden: Was können die Vögel und die Wildtiere fressen? Aber da soll eine Forschergruppe alles prüfen, was ein guter vegetarischer Ersatz ist, und das gilt auch für Löwen. Na gut, da ist noch viel zu tun. Aber die Bienen haben es auch geschafft. Ohne Fleiß kein Preis!

Weihnachtsmärchen vom Zoo

Ja, ihr lieben Kinder, kennt ihr überhaupt schon die Geschichte von der Weihnachtsfeier bei den Tieren? Nein? Na, dann muss ich sie euch doch gleich erzählen. Das war nämlich an einem Weihnachtsabend, als der Zoo geschlossen war, und alle Menschen, die dort arbeiten, zu ihren Familien nach Hause gegangen waren.

Da kam eine Giraffe auf die Idee: „Wir könnten doch auch Weihnachten feiern, oder?"

Zuerst schauten sich die anderen Giraffen erstaunt an und meinten: „Das haben wir ja noch nie gemacht. Wie soll denn das gehen?"

„Na ganz einfach", meinte die Giraffe Langhals. „Wir schenken uns alle etwas, was nichts kostet."

„Was meinst du denn damit?", fragten die anderen Giraffen.

„Na, passt auf! Jeder von uns macht immer mal etwas, was die anderen Tiere ärgert oder ihnen Angst macht. Und sein Geschenk soll sein, dass er das mal einen Tag lang nicht macht."

„Hm, hm", machten alle. „Ob das geht? Wir können es ja mal probieren! Aber was sollen wir als Giraffen dann als Geschenk machen?"

„Wir haben doch so lange Hälse und können überall reingucken. Einen Tag lang gucken wir nicht überall rein. Wir sagen allen Tieren, was sie nicht machen sollen, erzählen ein bisschen oder fressen eben ein paar Blätter."

Und so zogen sie los und erklärten allen Tieren, was sie einen Tag lang nicht machen sollten.

Die Löwen sollten nicht so laut „Waaah!" schreien, weil alle davor Angst hatten. Die Elefanten sollten niemanden mit ihren langen Rüsseln voll Wasser spritzen. Die Füchse sollten den anderen Tieren nicht das Fressen wegnehmen. Die Elstern sollten nichts stehlen, und wenn es noch so schön glitzert. Die Schafe sollten den Ziegen nicht die Möhren wegfressen, und der Uhu sollte nicht so ernst gucken.

Als es in der Stadt Weihnachten wurde, hörten die Tiere, wie die Glocken in den Kirchen läuteten. Da kamen sie alle zusammen und kein Tier war böse zu den anderen. Alle waren ganz lieb.

Die Löwen brüllten nicht, sie knurrten noch nicht einmal. Die Elefanten legten sich gemütlich hin, ohne mit Wasser zu spritzen. Die Füchse lagen ruhig am Busch und die Elstern saßen gemütlich auf einem Zweig. Die Schafe sagten nur leise „mäh“ und ließen die Ziegen in Ruhe. Sogar der Uhu probierte ein bisschen zu lachen.

So haben sie die ganze Nacht lang Weihnachten gefeiert und sich gefreut.

Die Sache mit dem Christuskind war ihnen zu kompliziert. Das verstanden sie nicht. Aber mal einen Tag lieb zu den anderen zu sein, das hat allen richtig gefallen. Ich glaube, in einem Jahr, wenn es wieder Weihnachten wird, werden sie es wieder machen.

Und wisst ihr was? Ihr könntet das auch mal einen Tag probieren.

Weltvegetariertag, 01.10.2009

Man muss es beklagen und muss es beschreiben,
dass Menschen sich so viele Tiere einverleiben.
Ich finde das furchtbar. Auch Tiere wollen leben
und keines will freiwillig sein Leben aufgeben.

Im Lebensdurchschnitt isst der Deutsche alleine
vier Kühe, vier Schafe und 46 Schweine,
noch 195 Gänse, Enten und Puten.
Fast tausend Hühner isst noch jeder Bruder;
viele Fische und Krebse, ob Mann oder Frau,
ob Aal und Karpfen oder Kabeljau.

Millionen Tiere verlieren so ihr Leben.
Wie wird uns das eigentlich jemals vergeben?

Der Wichtel im Wald

Ein Wichtel wettet um sein Gewicht:
Einen schwereren Wichtel gäbe es nicht.

Doch da hört man mit Grausen
die Dinoglocke mächtig brausen.

Herein kommt ein Dino mit breiten Seiten,
den konnte niemand richtig leiden.

Das Haus ist darauf ganz kaputt
und der Wichtel jammert noch im Schutt:

„Ich will nie mehr der Größte sein.
Lieber bleib ich im Wald allein!“

Wille

Unser Wille ist schon ein erstaunliches Phänomen. Ich habe neulich einen großen Vogel beobachtet, der lange Zeit ausgiebig an einem Baumgipfel beschäftigt war. Ich nehme an, dass er ein Nest bauen wollte. Es gab aber nur einen senkrechten Ast, an dem er festgekrallt war und er war sehr aktiv damit beschäftigt, zu klopfen und zu beißen. Ich habe ihn lange beobachtet und schätze, dass seine Arbeit anstrengend war. Aber sein Wille zwang ihn dazu, immer weiter zu basteln.

Und so ist es sicher auch bei uns Menschen. Wer etwas will, lässt nicht locker. Er strengt sich an, auf verschiedenen Wegen zu dem vorgestellten Ziel zu kommen. Der erbrachte Fleiß ist keine Mühe. Es ist uns eine Freude, unseren Willen zu erfüllen. Das darf ruhig anstrengen. Es ist eine schöne Arbeit, bei der Zeit und Mühe leicht vergessen werden.

Ich wünsche mir, dass die Menschheit viel Gutes für alle Menschen will. Dann wird die Erreichung des Ziels uns Freude bereiten. Nur gemeinsames Glück dient uns allen.

Zecken

Wer mein Blut trinkt,
in meiner Achtung sinkt.
Zwar ist die Leistung toll
und erzeugt Achtung voll.
Auf mich warten Zecken
an vielen buschigen Ecken.

Zeckentod

Ich weiß nicht, wie's kam, einst war ich eine Zecke
und saß grad unter einer Hecke.
Mein Gehirn war klein wie ein schwarzer Klecks
und kannte nur Zahlen von eins bis sechs.

Mir war so zumute, ich müsse nach oben.
Das war der Gedanke im Kopfe droben.
Ich wartete und wartete tagelang.
Es kam aber kein Mensch oder Reh entlang.

Als der Regen ausfiel, hatte ich viel Durst,
da war mir das gute Leben nur Wurst.
Ich kam im Nu in Lebensnot
und fiel vom Blatt herunter und mausetot.

Ich will nie wieder ,ne Zecke sein.
Und wenn's geht, bisschen größer und nicht so klein.

Im Zoo

Bedächtig schreitet voller Ruh‘
eine schöne Elefantenkuh.
Sie liebt so sehr ein Känguru.
Der Marabu sieht es, sagt nichts dazu.

In Afrika ging‘s nicht, doch hier im Zoo
entbrannte die Liebe über‘n Zaun im Stroh.
Oft fragt sie sich: „Warum, wieso?“
Er hopst so schön, ihr Gigolo.

Doch bei den Kängurus, der Bulle,
frisst ruhig weiter seine Stulle.
Er mag nicht so ‘ne fette Schrulle.
„Die spinnt und hat’s an der Schatulle!“

Nix war‘s, wie ihr hier seht.
Platonisch bleibt, was niemals geht.

Nachwort

Die Unterlagen zu diesem Tierbuch sind alle aus Büchern von Werner Kurze entnommen oder wurden zusätzlich geschrieben. Die neugeschriebenen Texte stammen von mir, unter Mitarbeit meiner Lebenspartnerin Ilse Witte. Beide haben ihr Bestes dazu gegeben, dass auch diese Vorarbeiten gut und sauber erledigt wurden. Ich bedanke mich ganz herzlich für die jahrelange Hilfe.

Und auch dem Rediroma-Verlag danke ich für seine teils angepasste und erfolgreiche Arbeit. Mir hat die Schriftstellerei immer großen Spaß gemacht.